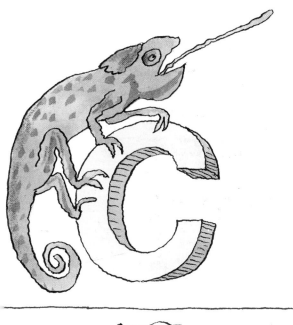

D1729541

# MEINE FIBEL

**Bearbeitet von**
**Edmund Wendelmuth · Gerhild Schenk**
**Heidemarie Dammenhayn · Isolde Stangner**

**Die Bilder malte Konrad Golz**

**Volk und Wissen Verlag GmbH**

**Oma**    **Oma**

| O | m | |
|---|---|---|

| | m | a |
|---|---|---|

Oma
Om
O
Om
Oma

| | **M** | **m** |
|---|---|---|
| | *M* | *m* |

**Mama**  **Mama**

| **M** | **m** | |
|---|---|---|

| **Ma** | |
|---|---|

O͞ma
Ma͞ma

Ma   ma
O   ma

Mama
Mam
Ma
M
Ma
Mam
Mama

Oma
ma
a

3

**ist**

| Oma | Mama | Mama |
|-----|------|------|
|     |      | ama  |
|     |      | ma   |
|     |      | a    |
|     |      | ma   |
|     |      | Oma  |

Oma ist am

Mama ist am

O ma          Ma ma

am            am

4

**Papa**          **Papa**

| **Pa** |  |

|  | **pa** |

Papa ist am

ist Mama am

Mama ist am 📞

Papa
Pap
Pa
P
Pa
Pap
Papa
Pa  pa
Ma ma

# Opa

| O | p |   |
|---|---|---|

|   | p | a |
|---|---|---|

Opa ist am

Oma ist am

Papa

O‿pa
Pa‿

Ma‿ma
O‿

Opa
Op
O
Op
Opa

Oma

# Mimi

Mimi ist im

am  ist Omi

Mami ist am

Opa ist im  am

ist Papi im

Papi ist am

Mimi
Mim
Mi
M
Mi
Mim
Mimi

Oma      Mama      Opa      Papa      Mami
Omi      Mami      Opi      Papi      Mimi

**ruft**

Mimi ist im

Mimi ruft Mami

Omi ist am

Omi ruft Mimi

Opa ist am

Mama
Mam
Ma
M
Mi
Mim
Mimi

Ma ma    Ma mi        O mi    O ma
   am       im            im       am

Opa ist im

Omi ist im

Papa ist am

Opa ruft Mimi

ist Mama im

Mama ist am

Oma
Om
O
Op
Opa
Opi

Mi͟
O  mi

Pa͟
O  pa

O͟
Ma  ma

# Nina

Nina ist im

Mama ist im

Nina ruft Papa

Papa ...

Nina
Nin
Ni
N
Ni
Nin
Nina

Ni na    Ma ma
Pa pa    Ma mi

| Ni | Ma | Pa |
|----|----|----|
| ma | pa | na |

10

| I | i |
|---|---|
| J | i |

# Ina

Ina

In

I

In

Ina

Nina

na

a

na

Ina

Ina ist am

Papa ist am

ist Nina im

Nina ist am

| Ni na | Pa pa | I na |
|-------|-------|------|
| I na  | O pa  | Ni na |

11

| O | o |
| O | o |

# Moni

Moni

Mimi ist im

Mimi ruft Moni Moni

Moni ruft Mimi Mimi

Moni
Mon
Mo
M
Mo
Mon
Moni

Ma _ _   Mi _ _   Mo _ _   Ni _ _   Pa _ _

| Mo | Ni | Mi |
|----|----|----|
| na | mi | ni |

**und**       **sind**

| | Moni |
|---|---|
| Nina und Moni sind im  | oni |
| Omi und Mama sind am | ni |
| Mimi ruft Omi | i |
| am sind Ina und Papa | ni |
| | oni |
| | Moni |

Nina und Moni sind im

Omi und Mama sind am

Mimi ruft Omi

am sind Ina und Papa

Mama und Papa     Nina und Ina

Oma und Opa     Mimi und Moni

13

Mama und Oma

Mimi ist im  und ruft Omi

Opa und Moni sind am

sind Nina und Ina am

Nina und Ina sind am

| Mi mi | Ni na | Pa pa | Ma ma |
|-------|-------|-------|-------|
| O mi  | I na  | O pa  | O ma  |

14

Mama und Papa sind im ...

Moni und Ina sind im ...

am  ist Papa und

Oma und Mama sind am

am  ist Opa und

Moni
ni
i
mi
Mimi

Mami

| Mo | I | O | Ni |
|----|----|----|----|
| pa | ni | na | ma |

|   |   |
|---|---|
| **T** | **t** |
| $\mathcal{T}$ | $\mathcal{t}$ |

# Toni

Toni ist mit Moni im

Oma ist mit Opa am

Opa ruft Toni Moni

Toni

Papa ruft na na Toni

Toni
Ton
To
T
To
Ton
Toni

Moni mit Toni

Oma mit Opa

16

# Lilo

Lilo und Toni sind im

Tilo ist mit Nina im

Lilo ruft Omi

Oma ruft Lilo und ...

| | |
| --- | --- |
| | Lilo |
| | Lil |
| | Li |
| | L |
| | Li |
| | Lil |
| | Lilo |

| Lilo | Moni | Nina | Oma |
| --- | --- | --- | --- |
| Tilo | Toni | Ina | Opa |

Lilo  Ina und Tilo

Toni und Loni sind am

Mimi

Mama und Oma sind am

Mama ruft Mimi

Tilo
Til
Ti
T
Ti
Til
Tilo

| T | O | P | M | N | L | I |
|---|---|---|---|---|---|---|
| t | o | p | m | n | l | i |

Loni malt ⬡L ⬡Ö

am 🌱 ist Toni und

Toni ruft Loni Loni

Moni malt mit

Tilo

Loni
Lon
Lo
L
Lo
Lon
Loni

Toni    Moni    Lilo    Nina
Mo__    Lo__    Ti__    Li__

# Uli

| | |
|---|---|
| Uli  Lilo und Loni sind im ... | Uli |
| Loni und Uli sind am  | Ul |
| am  ist Muli | U |
| Loni ruft Muli Muli | Ul |
| Muli ruft i a  i a | Uli |
| Muli ist nun am | Muli |

Uli  Lilo und Loni sind im ...

Loni und Uli sind am

am  ist Muli

Loni ruft Muli Muli

Muli ruft i a  i a

Muli ist nun am

Uli
Ul
U
Ul
Uli

Muli
Mul
Mu
M
Mu
Mul
Muli

Opa ist mit Mimi am

Mimi ruft Lama Lama

Uli und Lilo sind am

Mimi ruft nun Lilo Uli

nun ist Muli im

Muli
uli
li
i
li
uli
Muli

Uli

| Lo | U | Mu | Li |
|----|----|----|----|
| li | lo | ni | li |

| **A** | **a** |
|-------|-------|
| *A* | *a* |

# Anna

Opa und Anna  .

Mama ist im  und ...

Uli und Lilo sind im  und ...

Papa ist am  und ...

Anna
Ann
A
Ann
Anni

Lilo
ilo
lo
ilo
Lilo

Nina
Ina

| T | O | A | I | U | P | M | N | L |
|---|---|---|---|---|---|---|---|---|
| t | o | a | i | u | p | m | n | l |

|  |  |
|---|---|
| **E** | **e** |
| $\mathcal{E}$ | $\ell$ |

# Emil

Alle malen.

Emil und Lilo malen   .

Anna und Uli malen  .

Nun malen alle  .

Emil malt nun  .

Emil
Emi
Em
E
Em
Emi
Emil

malen
male
mal
ma
mal
male
malen

Mama malt mit Anne am .

Mama malt .

Nun malt Anne.

Anne malt Tannen.

Toll, Anne!

| Anne | Anna | Anni | Anne |
|------|------|------|------|
| Anna | Anni | Anne | Tanne |

Anne
Ann
A
Ann
Anna

malen
male
malt

# Susi

Susi ist mit Emil in …  .

Anna und Tim lesen im  .

Uli und Susi lesen Namen.

Alle lesen, lesen, lesen.

Susi
Sus
Su
Sus
Susi

lesen
lese
les
lese
lesen

Alle sind am .

Susi, Anne und Tilo lesen.

Tina und Lisa malen.

Nun soll Tilo malen.

Tilo malt Anne an.

Anne ist nun …

sollen
soll

Anna
Anne

Lilo
Lisa

Tilo
Tina

Nina
Tina

| Su | ma | Li | le |
|-----|-----|-----|-----|
| len | sen | si | sa |

# Rosi

Rosi und Nina rollen rote  .

Susi und Emil rollen lila .

Alle rollen, rollen, rollen.

Und so rollt Uli.

Er rollt und rollt.

Rosi
Ros
Ro
Ros
Rose

rollen
rolle
roll
rolle
rollen

sollen
rollen

Alle rollen und rennen.

Tim rollt mit  .

Rosi rollt mit  .

Tilo rennt. Uli rennt mit.


Nun soll Anne rollen.

Anne soll es lernen.

Rolle nun los, Anne!

rennen
renne
renn
renne
rennen

lernen
lerne
lern
lerne
lernen

rennen
rennt

lernen
lernt

rollen      rennen      lernen      sollen
er rollt    er rennt    er lernt    er soll

Ei ei
*Ei ei*

Loni, Toni und Susi essen ein Eis.

Mm, rosa Eis!

Susi ruft:

O, mein Eis, mein Eis!

Na, Susi, ein Ei?

Nein, nein, ein Eis!

| eine |
| ein |
| ei |
| ein |
| eine |
| |
| meine |
| mein |
| |
| ein |
| mein |
| sein |
| nein |
| rein |
| |
| Rosi |
| rosa |

ein Eis     ein Ei     ein Ei
mein Eis   mein Ei   sein Eis

**H h**

Hans und Uli holen ein Seil.

Nun sollen alle rennen.

Alle rennen hin und her.

Nun soll Hans einmal rennen.

So, nun los, Hans!

holen
hole
hol
ho
hol
hole
holen

ein
einmal

hin und her

Susi, Hans und Moni sind am Seil.

Ina, Lore und Moni sind am Seil.

So, nun los!

Hans und Lore holen eine Matte.

Alle sind in einer Reihe

und lernen eine Rolle.

Uli soll nun eine Rolle lernen.

Nanu, Uli...!

| | | |
|---|---|---|
| holen | rollen | lernen |
| er holt | er rollt | er lernt |

alle
Halle

Matte
Latte

rollen
Rolle
Roller

Toni hat einen  .
Ute malt eine rote Nase.

Nun holt Hans seinen  .
Er ist rot.
Es ist ein roter  .

| | |
|---|---|
| Toni | |
| Ton | |
| To | |
| Ton | |
| Toni | |
| holen | |
| hole | |
| hol | |
| holt | |
| malen | |
| male | |
| mal | |
| malt | |

malen     holen     eine rote Nase
er malt   er holt   ein  roter

Toni hat seinen  mit.

Er hat eine rote Nase.

Hans hat seinen  mit.

Es ist ein roter .

Emil rennt. Lisa rennt.

Molli rennt hinter Emil her.

seinen
seine
sein
sei
sein
seine
seinen

rote
rot
ro
rot
rote

| rollen | malen | rennen | holen |
|--------|-------|--------|-------|
| rolle | male | renne | hole |
| er rollt | er malt | er rennt | er holt |

33

Der Sandmann ist da.

Alle lernen lesen.

Dana und Udo sollen lesen.

Udo soll den Namen lesen.

Nun soll Dana den Namen lesen.

Alle lesen leise mit:

Der Sandmann ist da.

der Sand   der Mann

der Sandmann

Dana
Dan
Da
Dan
Dani

Udo
do
o
do
Udo

er
der
her

34

Udo hat seinen Hund mit.

Nanu, der Hund rennt los.

Udo ruft ihn.

Der Hund rennt und rennt.

Da rennt Udo dem Hund hinterher.

Udo holt ihn ein.

Nun hat er den Hund an der Leine.

und
Hund
Mund
rund

eine
meine
seine
deine
Leine

hin          holen         rennen
hinter      einholen    losrennen
hinterher   holt         rennt

**W w**
**W w**

Wo ist Uwe?

Uwe ist an der Wand.

Wo ist Udo?

Ist Udo hinter der Tanne?

Nein, Udo ist hinter der Tonne.

Wo sind Dana und Lisa?

Dana ist hinter dem 🏠 .

Lisa ist hinter dem 🌳 .

Wo?

hinter dem 🏠

hinter dem 🌳

hinter dem 🚧

hinter dem 🚗

hinter dem 🌳

hinter der Tanne

hinter der Tonne

| Wand | Tanne | Tonne | hinter | wo |
|------|-------|-------|--------|-----|
| Hand | Wanne | Sonne | Winter | so |

Wer holt Wasser?
Uwe holt Wasser.
Papa ruft:
Nimm den roten Eimer!

Nimm den  !
Nimm den Eimer!
Nimm den Hund!

Wo ist das Wasser hin?
Wer war am Eimer?
Der Hund war am Eimer.

| Wer war es? | Hund | das | der | sollen |
|---|---|---|---|---|
| Er war es. | rund | was | wer | wollen |

**ie** *ie*

## Unsere Tiere

Hans hat einen Hund.
Der Hund hat einen Namen.
Hans ruft ihn Nero.
Hans und Nero rennen um die Wette.

Marie hat einen Hamster.
Sie nimmt ihn in den Arm.

die Tiere
das Tier

sie
die
wie

Hund
Hand
Hans

| das Tier | die Wiese | die Hand |
| hier | der Riese | die Wand |

38

# MORINO

Alle sind leise.

Sie wollen die Tiere sehen.

Die  turnen an einem Seil.

Der Seehund nimmt den ⏺ mit der Nase.

Ein Esel soll lesen lernen.

Er ruft: IA! IA!

Was hat der  in seinem Hut?

sehen
sehe
seh
sehe
sehen

sehen
wehen

sollen
wollen

| die Nase | leise | der Hut | ein Seil |
| der Hase | die Meise | der Mut | ein Teil |

## Ina hat ein Fahrrad

Ina will mit dem Fahrrad fahren.
Sie soll es erst lernen.
Olaf will ihr helfen.
Fahre los, Ina!

Hans ruft: Nero, hierher!
Ina, halte an!

fahren
fahre
fahr
fahre
fahren

helfen
helfe
helf
helfe
helfen

| fahren | helfen | halten |
|--------|--------|--------|
| losfahren | er hilft | halte an |
| Fahrrad | die Hilfe | anhalten |

40

## Sie sollen helfen

Da sind Oma und Opa Hofmann.
Ute und Ina rufen Tilo und Udo.
Sie sollen helfen.

Tilo hilft dem Opa.
Udo hilft der Oma.

sie rufen
wir rufen
er ruft

sie helfen
wir helfen
er hilft

| ho | ma | ru | hel |
|-----|-----|-----|-----|
| fen | fen | len | len |

41

| Au | au |
|----|-----|
| *Au* | *au* |

## Wir fahren im Auto mit

Oma und Opa sind mit ihrem Auto da.
Sie rufen uns.
Wir laufen aus dem Haus.
Wohin fahren wir?
Wir fahren ...

Was nehmen wir mit?

Ute nimmt ihre Puppe mit.
Paul nimmt sein Auto mit.
Olaf nimmt seinen Hund mit.

Nun laufen wir in das Haus
und holen alles.

laufen
laufe
lauf
lau
lauf
laufe
laufen

fahren
fahre
fahr
fahre
fahren

das Haus          die Puppe          der Hund          das Tier
die Maus          die Suppe          der Mund          hier

42

## Auf dem Dorf

O, eine Sau! O, eine Sau!
Wir laufen hin.
Frau Rau,
wir sehen nur einmal hinein.
Seht einmal, wie sie alle saufen!

Die Sau soll allein sein.
Sie soll fressen.
Sie soll saufen.
Sie soll nun ausruhen.

ruhen
ruhe
ruh
ruhe
ruhen

laufen
aufen
fen
aufen
laufen

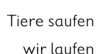

| Tiere saufen | Tiere fressen | allein | ruhen |
| wir laufen | wir essen | hinein | ausruhen |

## Im Wald

Wir sind im Wald.

Papa rennt mit uns um die Wette.

Mutti und Paul laufen hinterher.

Wir haben einen Ball mit.

Den Ball werfen wir hin und her.

Udo wirft den Ball so weit wie Mutti.

Dann laufen wir auf einem Baum.

Mutti und Papa helfen uns.

haben
habe
hab
ha
hab
habe
haben

hin
hinter
hinterher

der Baum
der Raum

werfen
er wirft

auf dem Baum laufen    den Ball werfen    hin und her werfen

um die Wette rennen    hinterher laufen    hin und her rennen

44

## In der Badewanne

Paul und Tina baden.

Sie haben ein Boot mit in der Wanne.

Sie blasen um die Wette

und toben im Wasser umher.

Papa ruft: Seid ihr bald sauber?

Aber Tina und Paul toben weiter.

Nun aber Ruhe! ruft Papa.

Da nehmen sie Seife und Lappen.

baden
bade
bad
ba
bad
bade
baden

bald
der Wald

weiter
die Leiter

sie baden
das Bad
die Badewanne

| ba | to | ha | ru | neh |
|------|------|-----|-----|-----|
| ben | men | fen | den | ben |

die Wanne
die Tanne
die Panne

45

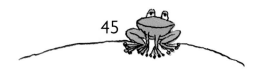

**ch**

## Tri, tra, trallala!

Tri, tra, trallala!
Seid ihr alle da?
Ratet einmal, wer ich bin!
Ich bin der Seppel, der Seppel-Peppel.
Wir wollen alle lachen
und tolle Sachen machen.

Aber wer lacht da hinten so leise? Wer ist es?
Wir wollen ihn rufen.
Alle rufen laut seinen Namen.
Was rufen sie?

| machen | mich | wir lachen | leise |
| die Sachen | dich | ich lache | die Meise |
| lachen | ich | er lacht | die Reise |

## Alle machen feine Sachen

Tina malt einen Tannenbaum.
Paul malt bunte Blumen.
Ich will das rote Papier falten.

Nanu, wo ist das rote Papier hin?
Michael hat es in der Hand.
Was macht er damit?

Sachen
Sache
Sach
Sache
Sachen

da
damit

| die Hand | Was machen wir? | Wir falten. |
| die Wand | Was macht er? | Er faltet. |
| das Land | Was mache ich? | Ich falte. |

| Sch | sch |
|-----|-----|
| *Sch* | *sch* |

## Wir lernen mit Sascha

Sascha ist immer noch nicht wieder
in der Schule.
Er will aber schon wissen,
was wir in der Schule alles machen.

Wer wird Sascha helfen?
Olaf will mit ihm rechnen.
Tina will mit Sascha lesen.
Ich will mit ihm schreiben.

schreiben
schreibe
schreib
schrei
schreib
schreibe
schreiben

wir schreiben
ich schreibe
er schreibt

| wir wollen lesen | wir wollen schreiben | wir wollen rechnen |
|------------------|----------------------|--------------------|
| er will     lesen | er will     schreiben | er will     rechnen |

48

| Ö ö | | Ü ü |
|:---:|:---:|:---:|

## Ein Brüderchen?

Anne möchte ein Brüderchen haben.
Sie wünscht es sich so sehr.

Papa meint: Es wird laut weinen.
Anne meint: Ich werde es trösten.
Mama meint: Wir werden es oft
ausfahren müssen.
Anne meint: Au fein, das werde ich machen.
Wir werden das Brüderchen sehr lieb haben.

ich werde
wir werden
er wird

meinen
weinen

er meint
er weint

| wünschen | trösten | der Bruder |
|---|---|---|
| ich wünsche mir | ich tröste ihn | die Brüder |
| sie wünscht sich | ich tröste dich | das Brüderchen |

 49

## Am Telefon

Karin und Klaus rufen ihre Mutti an.
„Hallo, Mutti!
Hier sind Karin und Klaus."

„Na, Kinder! Was möchtet ihr denn?"

„Mutti, wir sollten doch einkaufen.
Was sollen wir denn alles kaufen?"

kaufen
kaufe
kauf
kau
kauf
kaufe
kaufen

kaufen
einkaufen

rufen                kaufen
sie rufen an        sie kaufen ein
anrufen             einkaufen

# Karin und Klaus kaufen ein

Mutti bittet die Kinder:
„Lauft bitte in die Kaufhalle!
Kauft noch Brot, Butter und Kuchen!"

Klaus nimmt einen Korb.
Karin holt das Brot und einen Kuchen.
Wo ist die Butter?
Klaus findet sie schnell.
Er kann doch schon lesen.

wir kaufen
er kauft
die Kaufhalle
das Kaufhaus

wir bitten
er bittet
die Bitte

wir finden
er findet

Was kaufen die Kinder?

| die Mutter | wir kaufen | wir finden | kann | doch |
| die Butter | wir laufen | wir binden | dann | noch |

51

**Eine Geige**

Anne und Sascha wollen Gabi besuchen.

Sie hören leise Musik.

„Schön", sagt Sascha.

„Sehr schön", sagt Anne.

„Das ist sicher Gabis Bruder.

Er hat eine Geige.

Das hat mir Gabi gesagt.

Ob wir uns die Geige ansehen dürfen?"

sagen
sagt
gesagt

hören
hört
gehört

gehen      sagen      sehen      suchen

sehen      fragen      ansehen      besuchen

# Was ist alles weiß?

Die Lehrerin fragt:
„Was ist alles weiß?"
Moni sagt: „Der Schnee."
Martin sagt: „Das Mehl."
Gabi sagt: „Die Kreide."
Die Lehrerin sagt: „Klaus ist immer weiß,
wenn er die Tafel abgewischt hat."

Nach Peter Abraham

## Was ist alles heiß?

Moni sagt …

Martin sagt …

Gabi sagt …

Die Lehrerin sagt …

## Mein Vogel

Ich habe von Oma
einen Vogel bekommen.
Er soll Bubi heißen.
Vati hat einen Vogelbauer geholt.
Mutti hat Vogelfutter gekauft.
Ich will meinen Vogel gut versorgen.
Bubi soll es gut bei mir haben.

Vater
Vati

Vogel
Vogelbauer
Vogelfutter

sorgen
versorgen

Weißt du, was Bubi fressen darf?

54

## Der Zauberer

Auf unserem Schulfest ist
ein Zauberer zu sehen.
Er hat einen Bart und einen schwarzen Hut.

Der Zauberer hat zwei Kugeln in einer Hand.
Über die Hand legt er ein Tuch.
Dabei ruft er: Hokus! Pokus! Verschwindikus!
Nun nimmt er das Tuch wieder weg.
Da ist eine Kugel verschwunden.

Zum Schluss nimmt der Zauberer
seinen Bart und auch den Hut ab.
Nanu, der Zauberer ist Mario aus der Klasse 6a.

legen
er legt

rufen
er ruft

nehmen
er nimmt

verschwinden
verschwunden

zaubern
der Zauberer

## Julia schreibt einen Brief

Liebe Oma Johanna,

ich gratuliere dir ganz lieb zum Geburtstag.
Schade, dass ich nicht mit dir feiern kann.
Aber im Juli werde ich dich wieder besuchen.
Ich kann schon ganz gut lesen.
Wir lernen gerade einen Buchstaben.
Den kenne ich schon.
Rate mal, warum!
Wenn ich bei dir bin,
werde ich dir jeden Tag etwas vorlesen.

                Tschüs
                deine Julia

| | |
|---|---|
| Julia | |
| Juli | |
| Jul | |
| Ju | |
| Jul | |
| Juli | |
| Julia | |
| Julia | |
| Juliane | |

| Johanna | Juli | jeden Tag | lesen |
|---|---|---|---|
| Anna | Julia | jedes Jahr | vorlesen |

56

**tz** *tz*

**Ä ä** *Ä ä*

## Kleine Katzen

Kleine Katzen sind so drollig
und so wollig und so mollig,
dass man sie am liebsten küsst.
Aber auch die kleinen Katzen
haben Tatzen, welche kratzen.
Also Vorsicht! Dass ihr's wisst!

drollig
mollig
wollig

niedlich
friedlich
gemütlich

Kleine Katzen sind so niedlich
und so friedlich und gemütlich.
Aber schaut sie richtig an:
Jedes Sätzchen auf den Tätzchen
hilft, dass aus den süßen Kätzchen
mal ein Raubtier werden kann.

James Krüss

die Katze      die Tatze      der Satz
das Kätzchen    das Tätzchen    das Sätzchen

57

## So ein Wetter

Heute ist es draußen feucht
und kalt.
Viele Leute husten und niesen.
Jeder will schnell nach Hause.
Ich habe auch schon kalte Hände.
Meine neuen Schuhe sind ganz nass
und mein Mantel ist feucht.
Schnell laufe ich nach Hause.
Ich ziehe meine nassen Sachen aus.
Im Zimmer ist es schön warm.

neu
die neuen Schuhe

feucht
das feuchte Wetter

nass
die nassen Sachen

kalt
die kalten Hände

| Leute | die Hände | kalt | warm | nass | schnell |
| heute | die Wände | alt | arm | Fass | hell |

58

**Äu äu**
*Äu äu*

## Neue Häuser

Bei uns wird viel gebaut.
Viele Leute ziehen
in die neuen Häuser ein.
Auch wir wohnen
in einem neuen Haus.
Nicht weit von unserem Haus
sind zwei Schulen, ein Markt
und ein schöner Park mit vielen Bäumen.

bauen
gebaut

das Haus
die Häuser

der Baum
die Bäume

das Haus
das Häuschen

die Maus
das Mäuschen

der Baum
das Bäumchen

## Ein schönes Buch über Tiere

Michael sucht ein schönes Buch
über Tiere heraus. Alle möchten
die Bilder der Tiere sehen.
Die Mädchen wollen Tiere malen
und ihre Namen schreiben.

wir suchen
ich suche
er sucht

sie möchten
ich möchte
du möchtest

Nun lesen sie:

Nanu, was ist ein Faultier?

**Suche ihre Namen!**

Hase
Esel
Löwe
Nashorn

**ng** *ng*  **ck** *ck*

## Was sind das für Sachen?

Vögel, die nicht singen,
Glocken, die nicht klingen,
Kinder, die nicht lachen.
Was sind das für Sachen?

Bimbo ging über die Brücke,
da brach die Brücke in Stücke.
Doch zum Glücke
war das Wasser nicht tief
unter der Brücke.

| singen | Sachen | die Brücke |
|--------|--------|------------|
| klingen | machen | in Stücke |
| bringen | lachen | zum Glücke |

| st | sp |
|----|----|
| *st* | *sp* |

## Der Kaktus

Der Kaktus würde gar zu gerne
mit den kleinen Igeln
spielen und spazieren gehn.

Leider hat er keine Beine,
und so muss der arme Kleine
still in seiner Ecke stehn.

**Lies, ohne zu stolpern!**

Ein Student mit steifen Stiefeln
stolpert über einen spitzen Stein.

**Oder lieber so?**

Ein Student mit Stulpenstiefeln
stolpert über einen spitzen Stein.

## Vier kleine Tierrätsel

Er kräht beim ersten Morgenlicht,
hat einen Kamm und kämmt sich nicht.

Ich möchte hören, ob ihr kennt
den Vogel, der sich selber nennt.

Was fliegt so bunt im Sonnenschein
und kehrt als Gast bei Blumen ein?

Wenn ich nur wüsste, wer das ist,
der immer mit zwei Löffeln frisst?

## Kinderfest

Ein Koch tanzt mit einer Prinzessin.

Ein Prinz tanzt mit einer Zauberin.

Ein Zauberer tanzt mit einer Katze.

Ein Kater tanzt mit einer Maus.

Ein Mäuserich tanzt mit einer Indianerin.

Ein Indianer tanzt mit einer Köchin.

## Anke hat Geburtstag

Mutti und Anke decken den Tisch.

Frank, Anja und Karin kommen mit Blumen.

Sie wünschen Anke alles Gute zum Geburtstag.

Jeder hat noch ein Geschenk für sie.

Anja schenkt ein Buch. Frank schenkt einen Ball

und Karin schenkt eine kleine Puppe.

Anke weiß vor Freude zuerst nicht,

was sie sagen soll.

Dann sagt sie: „Vielen Dank."

Zum Ge - burts - tag   viel   Glück!

**War es wirklich so?**

Frank schenkt ein Buch.

Anja schenkt eine Puppe.

Karin deckt den Tisch.

Anke schenkt einen Ball.

| | |
|---|---|
| schenken | wünschen |
| das Geschenk | der Wunsch |
| danken | decken |
| der Dank | die Decke |

## Was Schönes zum Wegwerfen

Liebe Ulrike,

du darfst das Paket erst aufmachen,
wenn du erraten hast, was darin ist.
Es ist etwas Schönes zum Wegwerfen.
Es kann schwimmen,
aber es ist nicht aus Holz.
Es hat keine Beine,
aber es kann springen.
Es hat keine Flügel,
aber es fliegt gern.
Man schlägt es
mit der Hand oder mit der Faust,
das macht ihm alles nichts aus.
Man tritt es sogar mit dem Fuß,
aber man hat es doch gern.
Weißt du jetzt, was es ist?
Viel Spaß!

Liebe Grüße von deiner Tante Erna

Nach Josef Guggenmos

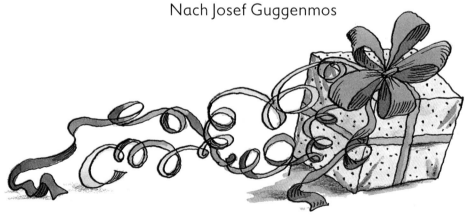

An welcher Stelle hast du erkannt, was es ist?

# Mein Ball

Mein Ball
zeigt, was er kann,
springt hoch wie ein Mann,
dann hoch wie eine Kuh,
dann hoch wie ein Kalb,
dann hoch wie eine Maus,
dann hoch wie eine Laus,
dann ruht er sich aus.

Josef Guggenmos

## Lies in der richtigen Reihenfolge!

Mein Ball springt hoch wie eine Maus

... wie eine Kuh

... wie ein Mann

... wie eine Laus

... wie ein Kalb

## Wir pflegen unsere Pflanzen

In unserer Klasse stehen viele schöne Pflanzen.

Jede Woche pflegen

zwei andere Schüler die Pflanzen.

Sie haben Blumendienst.

Sie gießen die Pflanzen

und zupfen die welken Blätter ab.

Wenn wir die Pflanzen gut pflegen,

dann gedeihen sie auch.

Wie pflegen die Kinder ihre Pflanzen?

die Pflanze     die Pflege

wir pflanzen    wir pflegen

ich pflanze     ich pflege

**chs**
*chs*

## Fuchs, du hast die Gans gestohlen

Fuchs, du hast die Gans gestohlen,
gib sie wieder her!
Gib sie wieder her!
Sonst wird dich der Jäger holen
mit dem Schießgewehr.

Kinderlied

## Vorsicht!

Der Fuchs geht um,
der Fuchs geht um,
geht um
den heißen Brei herum.

Paul Maar

**Probiere selbst!**

Der Luchs geht um,
...

Der Dachs geht um,
...

69

### Regenlied

Der Regen putzt die Nasen blank,
er duscht die kleinen Bäume
und wäscht die alte Sommerbank.
Er trommelt auf das Schuppendach
und nachts in unsere Träume.

Sein leises Lied klingt fast vergnügt
auch noch am nächsten Tage.
Doch wenn der Regen dann genügt
und alles unter Wasser steht,
nennt man ihn eine Plage.

Gottfried Herold

Der Regen

… putzt die Nasen blank.

… duscht die kleinen Bäume.

… wäscht die alte Sommerbank.

… trommelt auf das Schuppendach.

70

## April, April, April

April, April, April,
der weiß nicht, was er will.
Mal Regen und mal Sonnenschein,
dann schneit es wieder zwischendrein.
April, April, April,
der weiß nicht, was er will.

## Es regnet

Es regnet, es regnet,
es regnet seinen Lauf.
Und wenn's genug geregnet hat,
dann hört's auch wieder auf.

|       |       |
|-------|-------|
| **Qu** | **qu** |
| *Qu* | *qu* |

## Am Teich

„Quak, quak, quak!" So rufen die Frösche im Teich.

Die Kinder gehen dicht heran.

„Sieh, Gerd, dort sitzt ein Frosch im Gras!"

Gerd will ihn greifen.

Da ruft Eva: „Lass ihn sitzen! Quäle ihn nicht!"

Der Frosch hüpft schnell fort.

Das sieht lustig aus.

Bald ruft er wieder: „Quak, quak!"

Was quakt im Teich?

Was quiekt im Stall?

Quäle nie ein Tier zum Scherz,

denn es fühlt wie du den Schmerz.

72

## Meerschweinchen

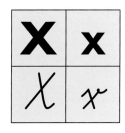

Seit einigen Wochen haben wir

zwei Meerschweinchen, Max und Felix.

Sie vertragen sich gut.

Max und Felix fressen immer gemeinsam.

Wenn sie eine Möhre bekommen,

nagt Max an dem einen Ende und Felix am anderen.

Doch auf einmal ist alles anders.

Max jagt Felix von der Möhre weg

und treibt ihn von einer Ecke in die andere.

Das geht einige Tage so. Was ist nur los?

Felix wird immer magerer und Max immer dicker.

Wir müssen sie trennen.

Wie staunen wir aber am nächsten Morgen!

Max ist ja gar kein Max, sondern eine Maxi.

Sie ist Mutti von zwei niedlichen Meerschweinchen geworden.

Beide haben schon ein weiches Fell, offene Augen

und springen herum.

Maria Krowicki

Kleine Hexe – viele Kleckse,
quieken, quaken,
knicksen, knacksen –
alles Faxen!

Max und Moritz,
Fix und Fax,
Flax und Krümel,
Fuchs und Dachs.

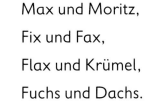

73

## Unser Baby

Unser Baby heißt Alfred –

wir nennen es Fredi.

Seit wir Fredi haben,

ist alles ganz anders bei uns.

Früher bin ich immer

erst um sieben aufgewacht.

Jetzt weckt Fredi uns schon um fünf

oder um vier

oder mitten in der Nacht.

Mein schwarzes Puppenbaby heißt auch Alfred.

Aber ich nenne es

nicht Fredi,

sondern Ali.

74

Ali schreit nie

und ist überhaupt viel braver als Fredi.

Er will auch nicht

alle vier Stunden zu trinken haben,

und seine Windeln sind niemals nass.

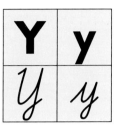

Mit Fredi aber ist immerzu etwas los –

füttern und wickeln und baden

und wieder füttern und wieder wickeln.

Ich habe gar nicht gewusst,

dass ein Baby so viel Arbeit macht!

Mira Lobe

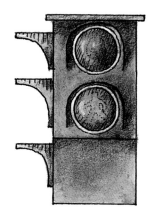

## Bei ROT bleibe stehn

Wenn ich zur Schule gehe,
muss ich über eine breite Straße.
Dort fahren Autos, Busse und Motorräder.
Es gibt an dieser Straße eine Ampel.

Wenn die Ampel rot leuchtet,
denke ich an eine rote Feuerwehr
und bleibe stehen.

Wenn die Ampel grün leuchtet,
gehe ich über die Straße.

Heute ist die Ampel kaputt.
Da hat es keinen Zweck
an die Feuerwehr zu denken.
Ich warte, bis kein Auto,
kein Bus oder kein Motorrad mehr kommt.

Peter Abraham

76

## Die Verkehrsampel

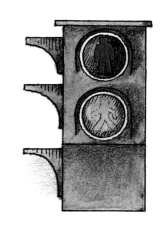

Bei „Rot" bleibe stehn,
bei „Grün" kannst du gehn!
Bei „Rot" musst du warten,
bei „Grün" kannst du starten.

Das merke dir gut,
und sei auf der Hut!

**Hier stimmt doch etwas nicht! Ordne richtig zu!**

Das Auto fährt       auf dem Wasser.
Der Zug fährt       auf dem Radweg.
Das Schiff fährt       auf der Straße.
Der Radfahrer fährt       auf den Schienen.

# Mariechen

Mariechen auf der Mauer stund.

Sie hatte Angst vor einem Hund.

Der Hund hatte Angst vor der Marie,

weil sie  immer so laut schrie.

Luise heulte immer gleich.

Der Gärtner grub einen kleinen Teich.

Da kamen alle Tränen hinein:

Ein Frosch schwamm drin mit kühlem Bein.

Bertolt Brecht

**Kannst du es schon?**

Mariechen auf der Mauer …

Sie hatte Angst vor …

Der Hund hatte …,

weil sie immer …

78

## Eine lustige Woche

Guten Tag, Herr Montag!
Wie geht es Frau Dienstag?
Ist der Herr Mittwoch zu Haus?
Sagen Sie der Frau Donnerstag:
Der Herr Freitag
geht mit der Frau Samstag
am Sonntag aus.

### Lies die Tage in der richtigen Reihenfolge!

| | |
|---|---|
| Montag | Samstag |
| Mittwoch | Donnerstag |
| Sonntag | Freitag |
| Dienstag | |

## Wo manche Wörter wohnen

Das Wort
**aus**
wohnt in einem Haus,
in der Pause,
in der Maus
und auch in der Laus.

Das Wort
**und**
wohnt in einem Hund,
in der Stunde
und auch im Schlüsselbunde.

Das Wort
**ein**
wohnt im Schwein,
im Bein,
im Wein
und auch im Mondenschein.

Und wo wohnt das Wort **ich**?

ein kleines Haus      eine kleine Maus
     ein Häuschen          ein Mäuschen

ein kleiner Hund      ein kleines Schwein
     ein Hündchen          ein Schweinchen

## Wenn das M nicht wär' erfunden

Wenn das **M** nicht wär' erfunden,
Wäre manches schief und krumm.
Denn dann hießen **M**ax und **M**oritz
Ax und Oritz. Das wär' dumm.

Wenn das **M** nicht wär' erfunden,
Wäre mancher übel dran.
**M**axi**m**ilian, der hieße
Plötzlich Axi ilian.

Wenn das **M** nicht wär' erfunden,
Wär' das ABC nicht voll.
Jede **M**a**m**a hieße a-a.
Und das wäre gar zu toll.

Doch zum Glück ist es erfunden.
Das ist nützlich! Das ist fein!
Denn nun können kleine Kinder
**M**utti oder **M**a**m**i schrei'n.

James Krüss

81

### Segelbootpartie

Igels machen sonntags früh
eine Segelbootpartie.
Und die Kleinen jauchzen froh,
denn das Boot, das schaukelt so.
„Fallt nicht raus", ruft Mutter Igel,
„denn ihr habt doch keine Flügel.
Wenn ihr dann ins Wasser fallt,
hu, da ist es nass und kalt."

Erich Weinert

**Was passt hier hinein?**
Und die Kleinen … froh,
denn das Boot, das schaukelt so.
(lachen, weinen, jauchzen)

## Warum das Schwein
## einen Ringelschwanz hat

Es ist schon lange, lange her;
wie lange, weiß kein Ferkel mehr,
da gab es einen Ferkeljungen,
der ist nie durch das Stroh gesprungen,
der hat nur immer dagegluckt,
geträumt und in den Mond geguckt,
hat duselig sein Lied gesungen
und seinen Schwanz ums Bein geschlungen.
Dabei zerknautschte er ihn ganz.
Drum hat das Schwein den Ringelschwanz.

Werner Lindemann

83

## Abzählreime

Ene, mene, mei,
du bist frei.

Reime, reime, Rätsel,
wer backt Brezel?
Wer backt Kuchen?
Der muss suchen.

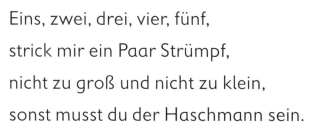

Eins, zwei, drei, vier, fünf,
strick mir ein Paar Strümpf,
nicht zu groß und nicht zu klein,
sonst musst du der Haschmann sein.

Eins, zwei, drei, vier, fünf, sechs, sieben,
meine Mutter, die kocht Rüben,
meine Mutter schneidet Speck,
eins, zwei, drei, und du bist weg.

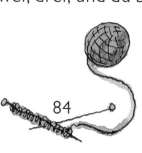

## Abzählreime

Ene, mene, Muh,
und raus bist du.

Ich und du,
Müllers Kuh,
Müllers Esel,
der bist du.

Eins, zwei, drei, vier,
die Maus sitzt am Klavier,
am Klavier sitzt die Maus
und du bist raus.

Eins, zwei, drei, vier, fünf, sechs, sieben,
eine Bauersfrau kocht Rüben,
eine Bauersfrau kocht Speck
und du bist weg.

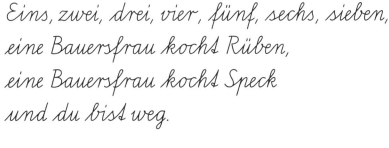

## Bei Tag und bei Nacht auf Jagd

Spitzmäuse fressen täglich so viel,

wie sie selbst wiegen:

Käfer, Fliegen, Würmer, Schnecken und Raupen.

Deshalb müssen sie mit ihren Jungen

bei Tag und bei Nacht

auf die Jagd gehen.

Wenn sie in Gefahr sind,

hängen sie sich aneinander.

Wie eine Kette,

ganz vorn die Mutter.

So kann auf der Flucht kein Junges verloren gehen.

Spitzmäuse stehen unter Naturschutz.

## Die Kohlmeise

Die Kohlmeise hat einen schwarzen Kopf
mit weißen Wangenflecken.
Der Bauch der Kohlmeise ist gelb.
Sie ist etwas kleiner als der Sperling.
Die Kohlmeise frisst Käfer und Raupen.
Darunter sind viele Schädlinge.
Ihr Nest baut die Kohlmeise
in Baumhöhlen, Mauerlöchern und Nistkästen,
manchmal sogar in Briefkästen.

Hartmut Giest

Weshalb schützen wir die Kohlmeisen?

| die Höhle | das Loch | der Kasten |
| die Höhlen | die Löcher | die Kästen |
| die Baumhöhlen | die Mauerlöcher | die Nistkästen |

## Sven und Michael

Montagmorgen.

Sven und sein Bruder Michael ziehen sich an.

Ihre Taschen sind schon gepackt.

Michael geht in die Schule.

Sven kann nicht gehen.

Er fährt mit dem Rollstuhl.

Sven und Michael spielen auf dem Hof.

Sie machen ein Wettspiel.

Michael läuft und läuft.

Sven rollt und rollt.

Wer ist wohl schneller?

## Neues vom Franz

Einmal, an einem Samstag,
ging es dem Franz sehr schlecht.
Gleich am Morgen, beim Aufstehen,
fing der Ärger an.

Der Franz wollte die rote Latzhose anziehen.
Aber die rote Latzhose war verschwunden.
Im Schrank war sie nicht,
in der Schmutzwäsche war sie nicht,
in der Waschmaschine war sie nicht.

„Mama, meine rote Hose ist weg",
rief der Franz ganz aufgeregt.
Doch die Mama nickte bloß und sagte:
„Ja! Ich hab sie dem Stefan geschenkt.
Sie war dir schon knapp um den Bauch!"

Da fing der Franz zu toben an.
Die Mama konnte doch nicht einfach
seine einzige, echte Lieblingshose verschenken!

Christine Nöstlinger

Was würdest du sagen, wenn du der Franz wärst?

## Wie Puh den Schatten erklärt

Der kleine Drache auf seinem Baum
schüttelte den Kopf.
Der Schatten des Baumes bewegte sich hin und her.

Das macht der Wind, dachte Puh.
Der Wind macht die Schatten.

Dann war plötzlich der Schatten fort.

Aber der Wind blies immer noch.

Aus: Augenreise I

## Schattenspiele

Schattenspiele mit der Hand
kann jeder machen.
Vielleicht hast du es
auch schon einmal probiert.
Am leichtesten lassen sich
bekannte Tiere darstellen.
Du kannst dazu sogar
Geschichten erzählen.

## Da fehlt etwas

Abends schleicht auf leiser Tatze
zu dem Kirschbaum Nachbars …

Klettert flink hinauf bis fast
auf den allerhöchsten …

Denn bekanntlich fressen Katzen
außer Mäusen auch gern Sp…

Vater Spatz piepst laut im Dustern
und beginnt sich aufzupl…

Augen glühen, Krallen wetzen,
Vater Spatz hört's mit Ents…

Doch die Spätzin (woll'n wir wetten?)
wird schon ihre Kinder r…

Kämpft so lange um ihr Nest,
bis die Katz den Baum verlä…

Mira Lobe

## Kleine Zeichenverse

### Die Miezekatze

Punkt, Punkt, Komma, Strich,
fertig ist das Mondgesicht.
Und zwei spitze Ohren,
so wird sie geboren.
Ritze-ratze, ritze-ratze,
fertig ist die Miezekatze!

### Der Stoffel

Punkt, Punkt, Komma, Strich,
fertig ist das Mondgesicht.
Ein Kloß
und 'ne Kartoffel,
fertig ist mein lieber Stoffel.

### Zeichne ohne abzusetzen!

Das ist das Haus
von Katz und Maus.

Oder kennst du es so?

Das ist das Haus
vom Nikolaus.

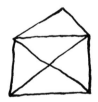

In die dicke runde Sechs
schreib die Zwei hinein.
Schwänzchen, Schnabel, Auge noch,
sag', was mag das sein?

## Rabulan, der Riese

Rabulan, der Riese,
isst so gerne Gemüse.

Er sagt: „Gemüse ist gesund!"
und verzehrt aus diesem Grund

täglich einen Haselstrauch
und ein Fuder Rüben auch,

einen Kürbis obendrein;
denn er will bei Kräften sein.

Bei Ferdinand und Lieschen
tun's Äpfel, Salat und Radieschen!

Josef Guggenmos

94

## Vom Riesen Timpetu

Pst! Ich weiß was. Hört mal zu:
War einst ein Riese Timpetu.
Der arme Bursche hat – o Graus –
im Schlafe nachts verschluckt
'ne Maus.
Er lief zum Doktor Isegrim:
„Ach, Doktor, mir geht's heute schlimm.
Ich hab im Schlaf 'ne Maus verschluckt,
die sitzt im Leib und kneipt und druckt."
Der Doktor war ein kluger Mann,
man sah's ihm an der Brille an.
Er hat ihm in den Hals geguckt:
„Wie? Was, 'ne Maus habt Ihr verschluckt?
Verschluckt 'ne Miezekatz dazu,
so lässt die Maus Euch gleich in Ruh!"          Alwin Freudenberg

95

## Der süße Brei

Es war einmal ein armes, braves Mädchen,
das lebte mit seiner Mutter allein,
und sie hatten nichts mehr zu essen.
Da ging das Kind hinaus in den Wald,
und da begegnete ihm eine alte Frau.
Die wusste seinen Jammer schon
und schenkte ihm ein Töpfchen,
zu dem sollte es sagen: „Töpfchen koche",
so kochte es guten, süßen Hirsebrei,
und wenn es sagte: „Töpfchen steh",
so hörte es wieder auf zu kochen.
Das Mädchen brachte den Topf
seiner Mutter heim.
Und nun waren sie ihrer Armut
und ihres Hungers ledig
und aßen süßen Brei,
sooft sie wollten.
Auf eine Zeit war das Mädchen ausgegangen,
da sprach die Mutter: „Töpfchen koche",

96

da kochte es und sie isst sich satt.

Nun will sie, dass das Töpfchen

wieder aufhören soll,

aber sie weiß das Wort nicht.

Also kocht es fort

und der Brei steigt über den Rand hinaus

und kocht immerzu,

die Küche und das ganze Haus voll

und das zweite Haus

und dann die Straße,

als wollt's die ganze Welt satt machen,

und ist die größte Not,

und kein Mensch weiß sich da zu helfen.

Endlich,

wie nur noch ein einziges Haus übrig ist,

da kommt das Kind heim

und spricht nur: „Töpfchen steh",

da steht es und hört auf zu kochen;

und wer wieder in die Stadt wollte,

der musste sich durchessen.

Brüder Grimm

97

## Das Hühnchen, die Maus und das Birkhuhn

Es waren einmal ein Hühnchen, eine Maus und ein Birkhuhn.

Das Hühnchen fand ein Gerstenkorn und gackerte freudig:

„Hab' ein Korn gefunden, hab' ein Korn gefunden! Man muss es mahlen!

Wer wird das Korn in die Mühle tragen?"

„Ich nicht", sagte die Maus.

„Ich nicht", sagte das Birkhuhn.

Da war nichts zu machen. Das Hühnchen nahm das Korn

und trug es selbst in die Mühle.

Dort wurde es gemahlen.

„Wer wird den Teig kneten?", fragte das Hühnchen.

„Ich nicht", sagte die Maus.

„Ich nicht", sagte das Birkhuhn.

Da knetete das Hühnchen den Teig.

„Wer wird den Ofen heizen?", fragte das Hühnchen.

„Ich nicht", sagte die Maus.

„Ich nicht", sagte das Birkhuhn.

Da heizte das Hühnchen den Ofen.

„Wer wird das Brot in den Ofen schieben?", fragte das Hühnchen.

„Ich nicht", sagte die Maus.

„Ich nicht", sagte das Birkhuhn.

Da musste das Hühnchen es selbst hineinschieben.

Das Brot wurde groß und knusprig. Das Hühnchen legte es

auf den Tisch und fragte: „Und wer wird das Brot essen?"

„Ich", sagte die Maus und setzte sich an den Tisch.

„Und ich", sagte das Birkhuhn und setzte sich auch.

Russisches Märchen

## Was Tiere können

Viele Tiere
können springen,

andre möchten
lieber singen.

Manche wollen
ganz gern fliegen,

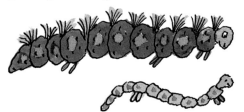

andre bleiben
besser liegen.

Dann gibt's welche,
die gut tauchen,

und auch welche,
die laut fauchen.

Manche können
sehr schlecht sehn,

andre dafür
richtig gehn.

Detlef Kersten

### Kuddelmuddel

Der Hund kräht fröhlich: „Guten Morgen!"

Die Henne trillert ohne Sorgen.

Die Lerche schnattert auf dem Feld.

Es grunzt der Hahn. Die Ente bellt.

Die Schwalbe wiehert unterm Dach.

Laut zwitschernd wird das Pferdchen wach.

Die Kuh schlägt froh in ihrem Stall.

Im Walde brüllt die Nachtigall.

Vergnüglich gackert jetzt das Schwein.

Wer's besser weiß, bring Ordnung drein!

Gustav Falke

### Bring Ordnung drein!

Der  ...  kräht fröhlich: „Guten Morgen!"

Die  ...  trillert ohne Sorgen.

Die  ...  schnattert auf dem Feld.

Es grunzt das  ...

Der  ... , der bellt.

**Der gierige Wolf**

Ein Wolf schleppte sich hungrig durch den Wald.
Hoffentlich finde ich bald etwas zu fressen, dachte er
und blickte mit grimmigen Augen um sich.

Da kam eine fette Ziege des Weges. Der Wolf sprach:
„Ich muss dich fressen, sonst falle ich um vor Hunger."

„Wenn es sein muss, so friss mich", antwortete die Ziege.
„Doch wie wäre es, wenn ich dir auch noch mein Zicklein bringe?"

Der gierige Wolf war einverstanden. Die schlaue Ziege aber
machte sich aus dem Staube.

Werner Lindemann

**Was ist richtig?**

Der Wolf war
... ein fetter Wolf
... ein netter Wolf
... ein gieriger Wolf

Die Ziege war
... eine lustige Ziege
... eine schlaue Ziege
... eine dumme Ziege

## Die beiden Ziegen

Zwei Ziegen begegneten einander auf einem schmalen Steg,

der über einen tiefen Fluss führte.

Die eine wollte hinüber, die andere herüber.

„Geh mir aus dem Weg!", sagte die eine.

Die andere aber rief: „Das wäre mir schön!

Ich war zuerst auf der Brücke.

Geh du zurück und lass mich hinüber!"

„Ich will nicht", sagte die erste, „ich habe hier so viel Recht wie du."

So wechselten sie noch viele Worte miteinander.

Keine wollte nachgeben. Sie zankten sich immer mehr

und schließlich kam es zum Kampf zwischen beiden.

Sie senkten ihre Hörner, rannten zornig aufeinander los

und stießen heftig zusammen. Dabei fielen beide

von der schmalen Brücke in das tiefe Wasser hinein.

K. D. Uschinski

## Was sagten die beiden Ziegen?

1. Ziege:  „Geh mir aus dem Weg!"

2. Ziege:  „Das wäre mir schön!

Ich war zuerst auf der Brücke.

Geh du zurück und lass mich hinüber!"

1. Ziege:  „Ich will nicht,

ich habe hier so viel Recht wie du."

2. Ziege:  „..."

1. Ziege:  „..."

103

## Unsere schöne Heimat

In unserem Heimatland gibt es viel zu sehen:
alte und neue Städte und Dörfer,
Wälder, Felder, Berge, Flüsse und Seen.
Was kennst du schon von unserer Heimat?

Liebe Oma, lieber Opa,
hier ist es schön. Ich habe schon
einen Freund. Er heißt Paul.
Wir baden viel.
Heute haben wir eine Burg gebaut.
Ich habe auch viele Muscheln gesammelt.
Viele Grüße
euer Sebastian

FEHMARN

RÜGEN

OSTSEE

ROSTOCK

..ER HEIDE

BERLIN

SPREEWALD

..ARTBURG

SÄCHSISCHE SCHWEIZ

DRESDEN

MÜNCHEN

CHIEMSEE

Natascha
in Russland

Ellen
in den USA

Marietta
in Italien

**Den Kindern der Welt**

Wir haben uns alle
im Kreis aufgestellt
und singen ein Lied
für die Kinder der Welt.

Annie
in Frankreich

Fu-li
in China

Janek
in Pol

106

Indira
in Indien

Nils
in Schweden

Pedro
in Mexiko

Marika
in Ungarn

Wir lieben die Sonne,
die Blumen, den Wind
und möchten, dass alle
so froh wie wir sind.

Abena
in Afrika

Bob
in England

Haruko
in Japan

## Wie wohnen die Kinder der Erde?

Manches Kind wohnt auf dem Lande.

Manches wohnt im zehnten Stock.

Manches Kind wohnt nah beim Strande.

Manches wohnt im Neubaublock.

Manches wohnt in einem Walde.

Manches wohnt am Wüstenrand.

Manches bei der Abfallhalde.

Manches vor der Bergeswand.

Manches wohnt in einer Kammer.
Manches wohnt in einem Schloss.
Manches wohnt in Not und Jammer.
Manches froh und sorgenlos.

Aber kommst du mich nun fragen,
wo die beste Wohnung ist,
kann ich's mit vier Wörtern sagen:

> Wo
> du
> glücklich
> bist.

James Krüss

## Bimmi

Bis zum vorigen Dienstag wohnte Bimmi in einem Haus mit drei
Stockwerken.

Ihre liebste Freundin wohnte gleich nebenan im Nachbarhaus.

Aber am vorigen Dienstag zog Bimmi mit ihren Eltern um.

Jetzt wohnt sie in einer anderen Stadt in einem Hochhaus

mit 24 Stockwerken in der Wohnung mit der Nummer 06.17, Aufgang M.

Bimmi hat nun ein eigenes Zimmer, aber keine Freundin in der Nähe.

So viele Kinder im Haus, aber sie kennt kein einziges.

So viele Kinder in der neuen Klasse, aber …

Helga Schubert

## Das Zuckerfest

Mein Freund Kemal
hat mich zum Zuckerfest eingeladen.
Das ist ein türkisches Fest,
bei dem viel gegessen und getrunken wird.
Auf dem Tisch stehen lauter süße Sachen.
Die ganze Familie feiert:
Vater und Mutter,
Bruder und Schwester,
Oma und Opa,
Onkel und Tante.

Welche Feste feiert ihr?

## Was ich geträumt habe

Heute Nacht habe ich aber was Dummes geträumt.

Ich ging im Hemd zur Schule.

Da liefen die Kinder hinter mir her.

Sie zeigten mit dem Finger auf mich

und lachten mich aus.

Auch die anderen Leute

drehten sich nach mir um und lachten.

Da schämte ich mich und fing an zu weinen.

Auf einmal wurde es ganz hell um mich.

Ich war gar nicht auf der Straße.

Ich lag zu Hause in meinem Bett.

Mutti streichelte mich und fragte:

„Warum weinst du denn?"

„Ach, ich habe was ganz Dummes geträumt."

### Wo ist Kater Ferdinand?

Eines Tages ist Ferdinand verschwunden.

Er liegt nicht auf dem blauen Stuhl.

Er liegt nicht unter dem Sofa.

Im Puppenwagen liegt er auch nicht.

Marie sucht und sucht

in der ganzen Wohnung.

Sie schaut unter die Betten.

Sie schaut in die Schränke.

Sie ruft ihn und ruft ihn.

Aber er kommt nicht.

Marie klingelt an allen Türen im Haus

und fragt nach Ferdinand.

Sie fragt auch die Leute

in den anderen Häusern.

An diesem Abend weint Marie sehr.

## Ein wenig Angst

Ilka hat Angst vor Hunden.
Vor kleinen wie großen,
vor schwarzen und gelben,
vor solchen mit Schlappohren
oder mit Stummelschwänzchen.
Sieht sie nur einen Hund von weitem,
bekommt sie einen fürchterlichen Schreck.

Ilka hat nicht bloß
vor Hunden Angst,
sie fürchtet sich vor vielem:

Wenn der Wind die Äste des Baumes
ans Fenster drückt und die
kratzen dann an den Scheiben.

Sie hat Angst
am alten Haus vorbeizugehen,
Fenster und Haustür sind zugenagelt.
Es soll abgerissen werden.

Oder es knarrt oder brummt
irgendwo in der Wohnung,
und ist sie allein,
wird sie blass vor Schreck
und steht ganz starr.
Ihre Hände werden feucht.
Sie kann sich nicht bewegen,
als seien ihre Beine
aus schwerem Eisen.

Sie würde gern ihre Angst zugeben,
aber dann lachen
die anderen bestimmt.
Die haben nämlich keine Angst.

Gerhard Holtz-Baumert

## Manchmal wär ich gern …

Manchmal wär ich gern
ein Erfinder.
Ich erfinde dann wichtige Sachen
gegen den Krieg
und gegen den Hunger
und gegen Krankheiten.
Aber ich erfinde auch lustige Dinge
für mich selbst:
Im Sommer baue ich
eine automatische Eimerdusche
zur Abkühlung.
Wenn es heiß wird,
zieh ich einfach an der Schnur.

Manchmal wär ich gern
ein Astronaut.
Ich lande mit meiner Rakete
auf einem fremden Planeten.
Wenn ich den Kindern dort erzähle,
dass wir auf der Erde
in die Schule gehen und jeden Tag
Hausaufgaben machen müssen,
lachen sie sich schief.
Ich bleibe sehr lange
auf dem Planeten.
Mindestens bis zu den großen Ferien.

Erhard Dietl

### Manchmal wünsche ich mir ...

Manchmal wünsche ich mir,
ich wäre so groß wie Markus,
ich könnte so weit springen wie Anna,
ich könnte so schnell rennen wie Florian,
ich könnte so gut klettern wie Bert,
ich könnte so gut lesen wie Anke,
ich könnte so gut Flöte spielen wie Sebastian,
ich könnte so gut zeichnen wie Tina ...

Aber so schnell rechnen wie ich
kann keiner.

# Zum Lesen und Ausprobieren

## Komm mit durchs Jahr!

### Die vier Jahreszeiten

Es war eine Mutter,
die hatte vier Kinder:
den Frühling, den Sommer,
den Herbst und den Winter.

Der Frühling bringt Blumen,
der Sommer bringt Klee,
der Herbst bringt uns Trauben,
der Winter den Schnee.

118

## Die Kastanie

Stacheln hab' ich wie ein Igel.
Ei, sieht das nicht lustig aus?
Purzel ich vom Baum herunter,
springt ein braunes Männlein 'raus.

Elsbeth Friemert

## Im Herbst

Udo und Dana sammeln .
Ute und Moni sammeln .
Tilo und Anna sammeln .
Marie und Uwe sammeln .

## Ihr Blätter, wollt ihr tanzen?

Ihr Blätter, wollt ihr tanzen?
So sprach im Herbst der Wind.
Ja, ja, wir wollen tanzen,
ja, ja, wir wollen tanzen,
komm, hol uns nur geschwind!

119

A, a, a, der Winter, der ist da!

## Der Winter ist da

A, a, a, der Winter, der ist da!
Herbst und Sommer sind vergangen,
Winter, der hat angefangen.
A, a, a, der Winter, der ist da!

E, e, e, jetzt gibt es Eis und Schnee!
…

I, i, i, ich frier im Winter nie!
…

O, o, o, wie sind wir alle froh!
…

U, u, u, jetzt weiß ich, was ich tu!
…

## Ein einfaches Vogelhaus

- 2 Holzbrettchen
- Löcher in die Ecken bohren
- durch die Löcher eine feste Schnur ziehen

## Weihnachten

Nun ist Weihnachten da!

Anna und Tilo

mit  und  .

An den  sind rote   .

Unter dem  ist eine .

Ihr Kin-der-lein, kom-met, o kom-met doch all!

## Ihr Kinderlein, kommet

Ihr Kinderlein, kommet,
o kommet doch all!
Zur Krippe her kommet
in Bethlehems Stall! …

## Kurz vor Ostern

Erste warme Sonne liegt
auf den grünen Hügeln.
Und ein rotes Pünktchen fliegt
hin und her, vom Wind gewiegt:
früh schon auf den Flügeln.

Liebes rotes Käferlein
mit den schwarzen Tupfen,
kommst so zeitig und allein,
noch liegt Schnee am Wiesenrain:
hol dir keinen Schnupfen.

Fred Rodrian

## Das Osterei

Hei, juchhei! Kommt herbei!
Suchen wir das Osterei!
Immerfort, hier und dort
und an jedem Ort!

Ist es noch so gut versteckt,
endlich wird es doch entdeckt.
Hier ein Ei! Dort ein Ei!
Bald sind´s zwei und drei.

Heinrich Hoffmann von Fallersleben

Komm, lieber Mai, und ma che

### Frühlingsliedchen

Singe, Vogel, singe!
Blühe, Blümchen, blühe!
Wir sind guter Dinge,
sparen keine Mühe
spät und frühe.

Johann Wolfgang Goethe

Siehst du, Ostereierschalen
kann man so und so bemalen.
Innen sind die Eier gleich,
immer gelb und weiß und weich.

Hans Manz

### Im See

Heute ist das Wasser warm,
heute kann's nichts schaden,
schnell hinunter an den See!
Heute gehn wir baden!

Eins, zwei, drei – die Hosen aus,
Stiefel, Wams und Wäsche!
Und dann – plumps! – ins Wasser rein,
gerade wie die Frösche!

Und der schönste Sonnenschein
brennt uns nach dem Bade
Brust und Buckel knusperbraun,
braun wie Schokolade.

Adolf Holst

## Sommer

Weißt du, wie der Sommer riecht?
Nach Birnen und nach Nelken,
nach Äpfeln und Vergissmeinnicht,
die in der Sonne welken,
nach heißem Sand und kühlem See
und nassen Badehosen,
nach Wasserball und Sonnenkrem,
nach Straßenstaub und Rosen.

Weißt du, wie der Sommer schmeckt?
Nach gelben Aprikosen
und Walderdbeeren, halb versteckt
zwischen Gras und Moosen,
nach Himbeereis, Vanilleeis
und Eis aus Schokolade,
nach Sauerklee vom Wiesenrand
und Brauselimonade.

Weißt du, wie der Sommer klingt?
Nach …

Ilse Kleberger (gekürzt)

125

**Zum Aufsuchen**

Gedichte und Reime
sind mit einem * versehen

## Quellenverzeichnis

*Arena Verlag GmbH, Würzburg*      Holtz-Baumert, G.: Ein wenig Angst (1991) ·
*Alfred Holz Verlag, Berlin*      Weinert, E.: Kinder, schaut mal wie wir fliegen! (1959) ·
*Beltz Verlag, Weinheim und Basel*      Gelberg, H.-J.: Überall und neben dir (1989) · Maar, P.: Dann
wird es wohl das Nashorn sein (1988) ·
*Der Kinderbuchverlag Berlin*      Abraham, P.: Abc, lesen tut nicht weh (1975) · Ans Fenster kommt
und seht (1964) · Brecht, B.: Ein Kinderbuch (1966) · Die Kinder- und Hausmärchen der Brüder Grimm
(1963) · Guggenmos, J.: Ich muß dir etwas zwitschern (1976) · Herold, G.: Ein junger Kater wünscht sich
Mäuse (1983) · Preisler, H.: Kinderreime und Kinderlieder aus „Des Knaben Wunderhorn" (1970) ·
Reich, I.: Das goldene Buch der Tiere (1975) · Roscher, A.: Ilse Bilse (1981) · Sonne, schieb die Wolken weg
(1970) · Schubert, H.: Bimmi und das Hochhausgespenst (1980) ·
*Georg Bitter Verlag KG, Recklinghausen*      Guggenmos, J.: Was denkt die Maus am Donnerstag? (1967) ·
Kleberger, I.: Sommer: Aus Gelberg, H.-J. (Hrsg.): Die Stadt der Kinder (1969) ·
*Georg Lentz Verlag, München*      Krüss, J.: Alle Kinder dieser Erde (1979) ·
*Kriterion Verlag, Bukarest*      Der Wunschring (1980) ·
*Loewes Verlag, Bindlach*      Guggenmos, J.: Leselöwenrätselgeschichten (1986) ·
*Obelisk-Verlag, Wien*      Krüss, J.: Bienchen Trinchen Karolinchen (1975) ·
*Österreichischer Bundesverlag, Wien*      Lesen - Texte (1976) ·
*Ravensburger Buchverlag*      Dietl, E.: Manchmal wär ich gern ein Tier (1987) ·
*Rudolf Arnold Verlag, Leipzig*      Waldspaziergang (o.J.) ·
*Saatkorn-Verlag GmbH*      Der Guckkasten      Feste feiern (1988) · Im Rollstuhl (1989) ·
*Verlag Friedrich Oetinger, Hamburg*      Krüss, J.: Der Zauberer Korinthe (1982)  · Nöstlinger, Ch.: Neues vom
Franz (1985) ·
*Verlag Jugend und Volk, Wien/München*      Lobe, M.: Das Sprachbastelbuch (1975) ·
*Verlag Junge Welt, Berlin*      Der goldene Apfel (1968) · Eene meene Muh, und raus bist du! (1986) ·
*Verlag Karl Nitzsche, Niederwiesa*      Der Honigpflaumenbaum (1980) ·
*Verlag Mönchaltorf u. Hamburg*      Mein Kätzchen Sebastian (1983) ·
*Volk und Wissen Verlag, Berlin*      Unsere Fibel (1968) · Augenreise I (1992) ·

Der Inhalt des Werkes folgt der reformierten Rechtschreibung und Zeichensetzung.

Die Fibel wurde 1990 entwickelt von Edmund  Wendelmuth und Gerhard Dathe
unter Mitarbeit von Erika Richter, Gerhild Schenk und Isolde Stangner.

ISBN 3-06-100136-0

Neubearbeitung 1997
5 4 3 2 / 01 00 99 98
Alle Drucke dieser Auflage sind im Unterricht parallel nutzbar.
Die letzte Zahl bedeutet das Jahr dieses Druckes.
© Volk und Wissen Verlag GmbH, Berlin 1996
Printed in Germany
Redaktion: Heidemarie Dammenhayn
Gestalterische Bearbeitung und Realisierung: Gerhard Neitzke, Helga Rose
Reproduktion: CRIS GmbH, Berlin
Druck: H. Heenemann GmbH & Co, Berlin